Distinguir fantasía y realidad

Una historia es **fantasía** si no puede pasar.

Una historia es **realidad** si puede pasar.

Mi familia

Lada J. Kratky

Esta es mi mamá.

Esta es mi mamá.

Este es mi papá.

Este es mi papá.

Esta es mi abuela.

Este es mi abuelo.

Esta es mi hermana.

Este es mi hermano.

Esta es mi familia.

Mi familia
ISBN: 978-1-68292-516-4

© Del texto: 2017, Lada Josefa Kratky
© De esta edición:
2021, Vista Higher Learning, Inc.
500 Boylston Street, Suite 620.
Boston, MA 02116-3736
www.vistahigherlearning.com
www.santillanausa.com

Dirección editorial: Isabel C. Mendoza
Edición: Ana I. Antón
Dirección de arte y producción: Jacqueline Rivera
Documentalista: Nadia García
Montaje: Gráfika LLC

Imágenes: Cubierta: Westend61 / Getty Images; pág. 4: Vladmax / iStock; pág. 5: kali9 / Getty Images; pág. 6: sjenner13 / iStock; pág. 7: MaszaS / iStock; pág. 8: TanyaRu / iStock; pág. 9: XiXinXing / iStock; pág. 10: evgenyatamanenko / iStock; pág. 11: Chris Stein / Getty Images; págs. 12-13 kali9 / Getty Images; pág. 14: Westend61 / Getty Images

Todos los derechos reservados.
Esta publicación no puede ser reproducida, ni en todo ni en parte, ni registrada en o transmitida por un sistema de recuperación de información, en ninguna forma ni por ningún medio, sea mecánico, fotoquímico, electrónico, magnético, electroóptico, por fotocopia o cualquier otro, sin el permiso previo, por escrito, de la editorial.

Published in the United States of America.

3 4 5 6 7 8 9 GP 26 25 24 23 22

Aquí acaba este libro
escrito, ilustrado, diseñado, editado, impreso
por personas que aman los libros.
Aquí acaba este libro que tú has leído,
el libro que ya eres.